Les matériaux

LE BOIS

Titre original : *Wood.*

7, rue Saint-Lazare - 75009 Paris
pour l'édition française.
Traduit par Noëlle Commergnat.
Dépôt légal : septembre 2002.
Bibliothèque nationale.
ISBN 2-7130-1960-5

Exclusivité au Canada :
Éditions École Active
2244, rue de Rouen, Montréal,
Qué. H2K 1L5.
Dépôts légaux : 4e trimestre 2002.
Bibliothèque nationale du Québec,
Bibliothèque nationale du Canada.
ISBN 2-89069-714-2

Loi n° 49-956 du 16 juillet 1949
sur les publications destinées à la jeunesse.

Imprimé en Italie.

Crédits photographiques :
Couverture - hg - Robert Harding Picture Library. 4hg, 5hd, 6, 6/7, 8bg, 9bd, 10bg, 10mg, 11hd, 12h, 12m, 13bd, 16bd, 16/17h, 17hd, 19hg, 19md, 24bg, 24/25b, 25m & bd, 26/27, 28bg & hd - Robert Harding Picture Library. 7d (Christian Jegou/Publiphoto Diffusion), 17md - Science Photo Library, London. 8m (Jean-Paul Ferrere), 24/25h (Peter Steyn) - Ardea. 13h - The Rural History Centre, University of Reading. 14 - AKG Photo. 14/15 - ISOKON, PLUS, London. 18bg (Eileen Tweedy/ British Museum), 26h (British Museum) - The Art Archive. 18hd - Sotheby's Picture Library. 21bg - Bridge of Weir Leather Company Ltd, Scotland. 21bd - Popperfoto. 22h - Mary Evans Picture Library. 23m - Courtalds.

Les matériaux

LE BOIS

Steve Parker

GAMMA • ÉCOLE ACTIVE

Sommaire

6 LE MONDE DU BOIS

8 LA CROISSANCE DES FORÊTS

10 LA COUPE DU BOIS

12 À LA SCIERIE

14 LES PANNEAUX DE BOIS

16 LE TRAVAIL DU BOIS

18 LES BOIS PRÉCIEUX

20 LA CHIMIE DU BOIS

22 DES TISSUS À PARTIR DU BOIS

24 LES PRODUITS DES ARBRES

26 LA FABRICATION DU PAPIER

28 DU BOIS POUR LE FUTUR

30 LE BOIS ET SES EMPLOIS

31 GLOSSAIRE

32 INDEX

La coupe d'un tronc laisse apparaître des cernes concentriques qui se forment pendant la croissance de l'arbre, à raison d'un cerne par an. Quel âge avait cet arbre ?

Introduction

Peu de matériaux sont aussi répandus, utiles, beaux et adaptables que le bois. Il sert à fabriquer une multitude d'objets, des allumettes aux bateaux et aux bâtiments. Il fournit de l'énergie comme combustible de chauffage, d'éclairage ou de cuisson. Les artistes créent de magnifiques sculptures et statues en bois. Le bois est aussi traité pour faire du papier, du carton, de la viscose et bien d'autres produits dérivés. Un monde sans bois serait très différent – et pas seulement pour les hommes : la vie de millions d'animaux dépend des arbres et du bois.

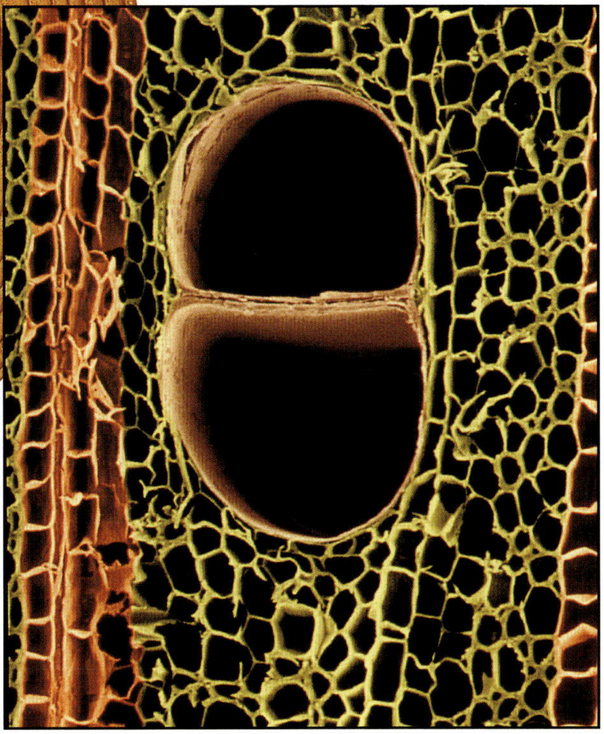

Le bois est une matière fibreuse, formée par les vaisseaux transporteurs de sève, dont les parois sont riches en cellulose et en lignine.

Les constructions en bois - maisons, huttes et cabanes -, protégées par des peintures ou des revêtements, durent des générations.

Les fibres de bois mélangées à des produits chimiques sont réduites en une pâte qui, pressée et roulée en feuilles, donne du papier.

Le monde du bois

Des forêts de différents types, avec des arbres divers, couvrent environ 20 % de la surface terrestre ; chaque essence a des caractères et des usages spéciaux.

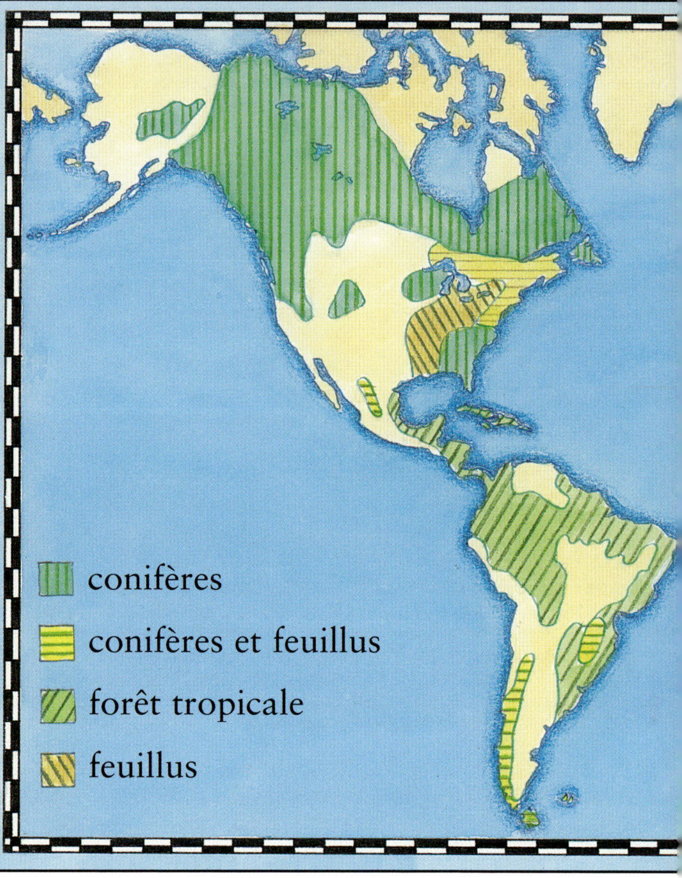

Les bois tendres

Les bois tendres proviennent en général de conifères : des arbres à feuillage en aiguilles, tels les pins, sapins, épicéas et cèdres. La plupart conservent leurs feuilles toute l'année : elles sont persistantes. Leurs graines sont enfermées dans des cônes durs.

Le feu détruit en quelques heures une forêt qui met des années à repousser.

Les forêts tropicales prospèrent sous les climats humides toute l'année (ci-dessous). Dans les zones chaudes, au milieu du globe terrestre, ces forêts abritent la faune la plus riche du monde.

Les principales forêts de conifères à bois tendre sont situées au Nord. Les hivers y sont longs, froids et neigeux. Les forêts de feuillus et les forêts tropicales comportent diverses essences à bois dur.

Les bois durs

Les arbres à bois dur, souvent solides et robustes, sont des feuillus aux feuilles larges et plates. Ils comprennent des espèces comme le chêne, le bouleau, le hêtre, l'orme et le noyer. Dans les pays tropicaux, ils restent parfois verts toute l'année. Mais ailleurs, leurs feuilles tombent en automne et repoussent au printemps suivant. Ils ont un feuillage caduc.

Faits du **PASSÉ**

Voilà des millions d'années, les arbres n'existaient pas encore, comme aujourd'hui. Mais il y avait des plantes géantes : fougères, mousses et prêles. Le climat était chaud et humide et ces plantes poussaient dans de vastes marais. Après leur mort, leurs restes se sont entassés, conservés et transformés en une roche : le charbon.

Un marais il y a 300 millions d'années.

La croissance des forêts

Des millions d'arbres sont abattus chaque jour dans le monde. Mais il faut des années pour faire pousser un arbre. Pour ne pas manquer de bois, nous devons donc planter chaque jour des millions d'arbres.

Dans la serre, des milliers de graines ont donné naissance à ces jeunes plants.

L'exploitation forestière

Les arbres se cultivent comme les céréales, mais étant plus gros, ils mettent des années à pousser. Ils naissent d'une graine venue d'un arbre adulte. Les méthodes de culture des arbres s'appellent la «sylviculture».

Les plants grossissent et deviennent de jeunes arbres que l'on plante pour constituer une forêt.

Une gaine de plastique protège chacun de ces jeunes arbres du gel et des animaux, comme les cerfs ou les lapins, qui pourraient le grignoter et l'abîmer.

La croissance des arbres

Les essences à bois tendre, comme les pins ou sapins, poussent plus vite que les autres. Après 20 ans, un pin sylvestre mesure 11 m de haut, et un chêne seulement 9 m. À 60 ans, le pin sylvestre atteint sa taille maximale : il est bon à couper. Le chêne pousse encore à 100 ans.

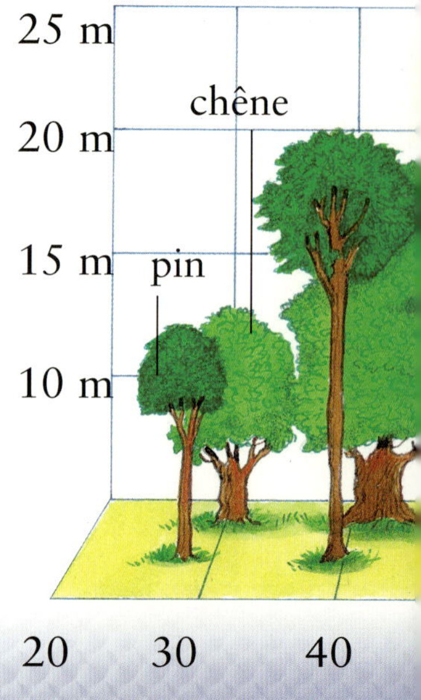

Une seule essence

Certains arbres, surtout à bois tendre, constituent de vastes forêts qui comportent une seule essence. Ils poussent vite, et sont de taille et de forme identiques. Ils forment une «futaie». Ce type de monoculture est très productif, mais abrite peu d'animaux sauvages.

Des forêts mixtes

D'autres espèces, surtout à bois dur, poussent dans des forêts plus naturelles où elles se mélangent avec diverses essences. Chaque espèce est coupée à maturité. Ces forêts sont moins productives, mais elles abritent une faune sauvage riche.

Idées pour le **FUTUR**

Les scientifiques modifient les gènes (instructions pour la croissance) de certaines plantes cultivées (soja, maïs, tomates...). Ces OGM (organismes génétiquement modifiés) sont conçus pour grandir davantage et plus vite. À l'avenir, on pourrait modifier les gènes des arbres qui pousseraient plus vite, sans maladies, et produiraient un meilleur bois.

Scientifique modifiant des gènes.

Une futaie d'arbres à bois tendre, prête pour l'abattage. Quand elle sera coupée, on repiquera de jeunes plants à sa place.

La coupe du bois

Quand les arbres sont prêts à être coupés, les bûcherons arrivent avec leurs tronçonneuses et leurs grosses machines. En quelques jours, ils peuvent abattre une forêt entière.

Les types d'abattage

Dans la coupe sélective, seuls les arbres ayant atteint la taille requise sont abattus. Dans la coupe rase, tous les arbres sont tronçonnés et la zone est replantée. Dans la coupe d'ensemencement, on laisse quelques adultes produire des graines qui se sèment toutes seules.

Des machines arrachent l'écorce et les petites branches. Les morceaux tombent à terre et se décomposent en humus qui fertilisera le sol.

Faits du **PASSÉ**

Pendant des milliers d'années, de gros animaux ont tiré et enlevé les troncs massifs des forêts. En Asie du Sud-Est, on utilise toujours des éléphants dressés pour le débardage. Ils abîment moins le sol que les véhicules lourds.

Éléphants d'Asie et leur cornac (conducteur).

Haches et scies

Certains arbres sont abattus à la hache ou sciés à la main. Mais la plupart sont coupés à la tronçonneuse. Le bûcheron fait une entaille en V dans le tronc pour contrôler la direction de la chute et limiter les dégâts pour l'arbre lui-même comme pour le voisinage.

Certains arbres et arbustes sont plus utiles si on les laisse vivre. Des rangées de jeunes arbres souples - saules ou noisetiers - s'entremêlent pour former des «haies vives».

De lourdes charges

Les troncs et les grosses branches pèsent très lourds. Il faut de grandes grues et d'imposants camions, les grumiers, pour les transporter de la forêt à la scierie, à la fabrique de papier ou sur leur lieu de traitement.

Les troncs, ou grumes, sont parfois transportés par flottage (ci-dessus), mais le plus souvent sur des grumiers (à droite).

À la scierie

Les arbres sont vivants et chacun pousse de façon différente. Quand les grumes arrivent à la scierie, elles sont pesées, mesurées et examinées pour évaluer la qualité du bois et détecter les signes de maladie.

Dans une scierie moderne, les grumes sont entraînées par des rails et passent sous les scies circulaires. Les conducteurs de machines restent à distance.

LE SCIAGE DES GRUMES

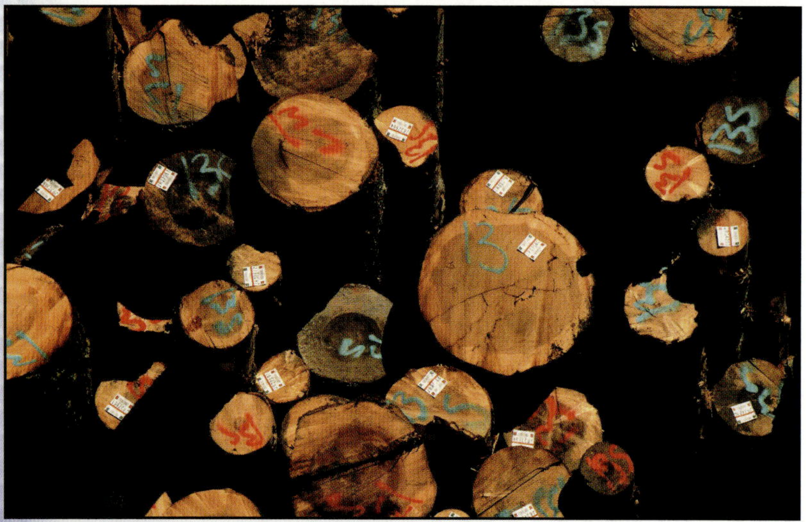

Des grumes marquées et prêtes pour le sciage.

Les grumes de forêts mixtes varient de forme, de taille et de type. À leur arrivée à la scierie, des experts les marquent avec des couleurs différentes pour indiquer le genre du bois et la façon de les débiter. Chaque mode de débit produit des planches, des chevrons et des plateaux de taille et de forme variées (à droite). Certaines grumes ont trop de nœuds, des zones sombres et denses à l'emplacement des branches. Leur bois, moins solide et moins droit, a un certain charme et peut être gardé pour un usage décoratif.

Les arbres poussent vite en été et produisent du bois léger ; en hiver, ils s'arrêtent presque, d'où le bord étroit et sombre de ces cernes de croissance.

Le bois humide

Le bois «vert» venant d'être abattu contient une grande quantité d'eau, de sève et de sucs naturels. Utilisé aussitôt, il se voilerait et se fendrait en séchant. Son séchage est donc indispensable avant toute utilisation.

Le séchage du bois

Pour sécher le bois naturellement, on laisse les grumes entières ou en plots dans de grands hangars très bien aérés. Le séchage peut prendre des mois, voire des années. Un séchage en quelques heures est obtenu en chauffant le bois dans des fours spéciaux.

Faits du **PASSÉ**

Avant l'existence des tronçonneuses et des scieries modernes, les grumes étaient débitées en planches à la main. De longs passe-partout, munis de poignées à chaque extrémité, étaient actionnés par deux hommes ou plus. Les élèves des écoles venaient découvrir l'art de couper le bois.

Un passe-partout (vers 1920).

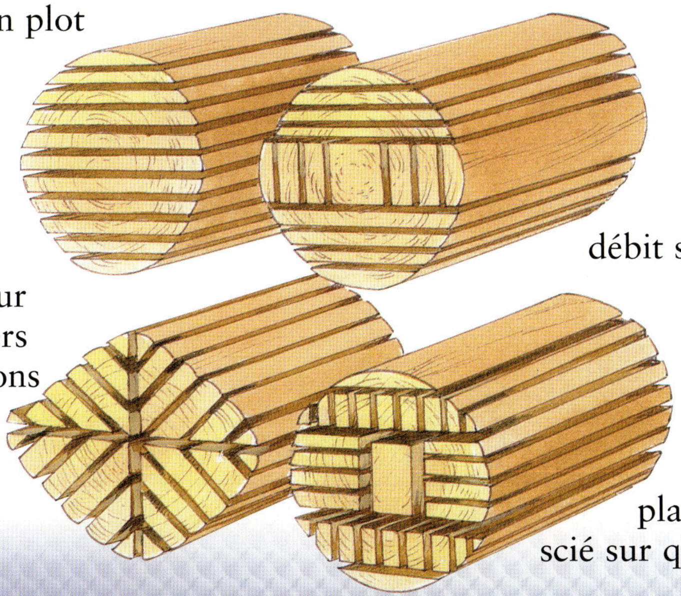

Plots empilés pour sécher.

Les panneaux de bois

Une planche est en général trop petite pour couvrir un mur, une table ou un plan de travail : il faut assembler ou coller des planches ou des couches de bois pour obtenir de grandes surfaces.

Le fil du bois

Une planche de bois s'incurve plus aisément dans un sens que dans l'autre. Cela dépend du fil du bois, la direction que prennent les petites fibres formant les veines. Assembler des planches de fils croisés améliore la solidité.

Faits du **PASSÉ**

Le papier est fait de petites fibres de bois. Les fibres d'un papier trempé dans l'eau se relâchent. Pour faire un objet en «papier mâché», on presse du papier mouillé dans un moule et on ajoute de la farine en guise de colle. En séchant, le papier gardera la forme du moule. Autrefois, les comédiens portaient des masques en papier mâché.

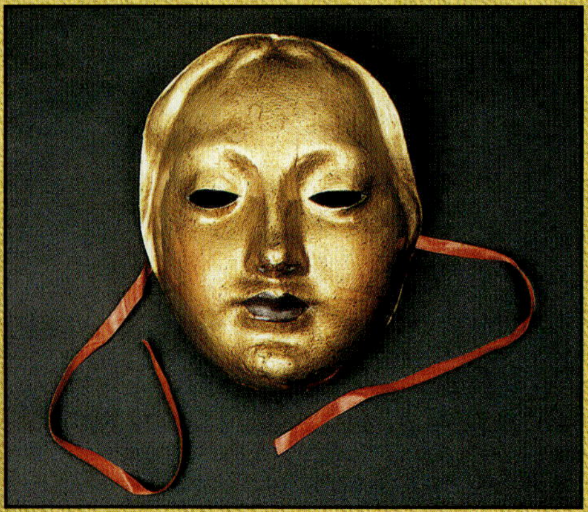

Un masque en papier mâché.

LES DIFFÉRENTS PANNEAUX

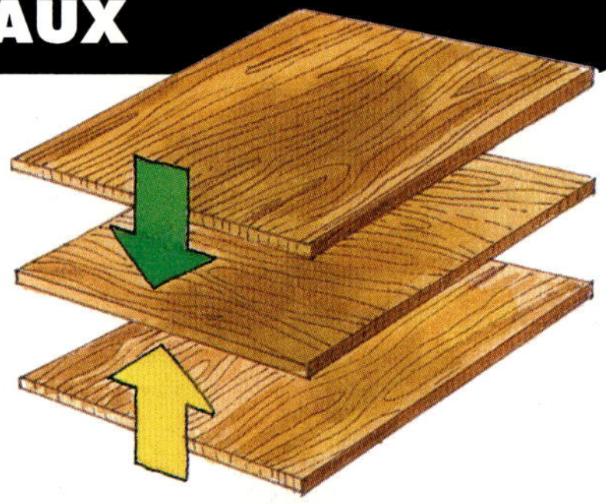

LE CONTREPLAQUÉ
Des couches de bois, les «plis», sont collées ensemble en croisant le fil de chacune à angle droit. Cela améliore la solidité dans les deux sens. Le «trois plis» se compose de trois plaques et ainsi de suite.

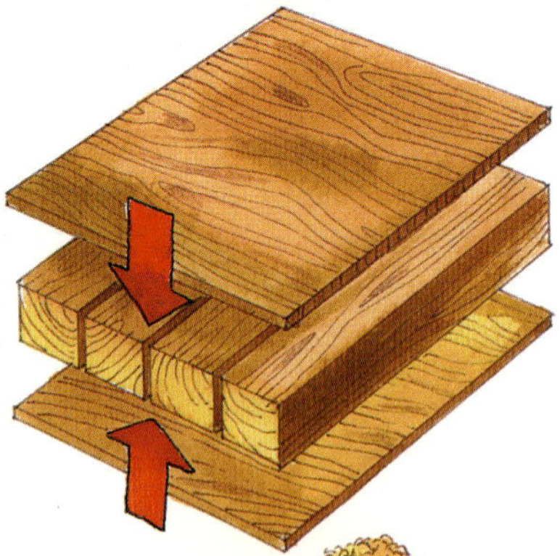

LE LATTÉ
Des lattes liées ou collées sont prises en «sandwich» entre deux plaques. Comme pour le contreplaqué, le fil des plaques est à angle droit avec celui des lattes, pour une meilleure solidité dans les deux sens.

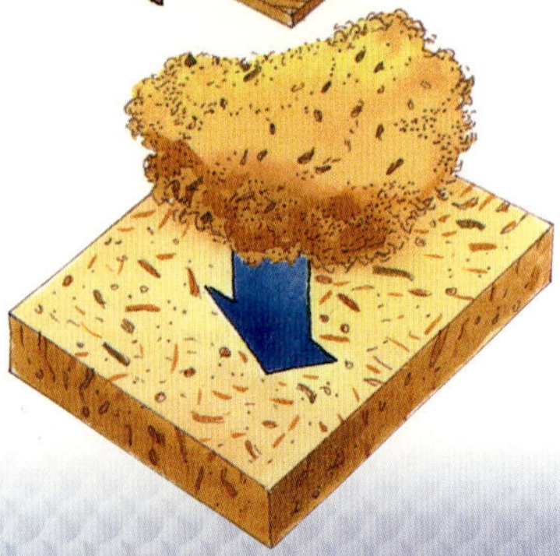

L'AGGLOMÉRÉ
Les panneaux sont en bois reconstitué obtenu par l'agglomération, sous forte pression, de fibres ou de particules au moyen d'une colle.

Ces meubles (à gauche) sont tous en contreplaqué. Le contreplaqué existe en différentes épaisseurs. Si les plis (couches) sont chauffés et étuvés, on peut les courber sur des surfaces incurvées avant de les coller (au fond à gauche).

Plis, particules et fibres

Il existe de nombreuses variétés de panneaux de bois fabriqués par l'homme, dont les couches ou les particules sont assemblées par diverses méthodes. Certains agglomérés sont obtenus à partir de particules récupérées dans les scieries. Les panneaux de fibres sont fabriqués à partir de bois trempé dans des bains chimiques qui le séparent en fibres fines comme des cheveux.

À l'intérieur et à l'extérieur

Les panneaux de bois sont surtout utilisés à l'intérieur comme placards, cloisons, planchers et plafonds. À l'extérieur, bois et colles doivent être de meilleure qualité pour résister aux intempéries.

LES PLACAGES

Les placages sont de fines plaques ou feuilles de bois coupées par déroulage dans une grume, comme on pèle une orange. Les veines du bois sont visibles sur la plaque. Un objet en bois ordinaire et bon marché peut être plaqué avec un bois plus beau et plus précieux.

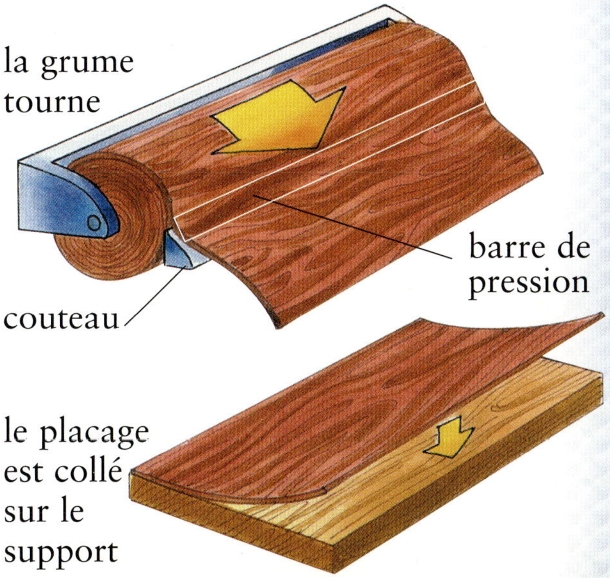

Le placage est collé avec soin.

Le travail du bois

Le travail du bois – taille, sculpture, assemblage et ajustage – est l'un des arts les plus vieux du monde. Chaque région se différencie par un style traditionnel lié en partie aux essences locales d'arbres.

Une charpente comporte des madriers de taille variable selon le poids qu'ils portent. Les murs sont couverts d'un revêtement de bois.

Les constructions en bois

Plus des deux tiers du bois servent pour la construction de maisons, de ponts et de bâtiments similaires. Dans les zones forestières, on utilise ce matériau pour presque toutes les parties de la maison, de la charpente au plancher. Le bois est traité contre les moisissures et les insectes xylophages. Il peut aussi être traité avec des produits chimiques pour ralentir la progression des flammes, puisque le feu constitue toujours le risque majeur.

Le bambou n'est pas un arbre, mais un roseau géant à tige épaisse, solide, ligneuse, en forme de tube. Ses tiges sont exploitées notamment comme perches d'échafaudages.

Un ébéniste à son établi.

Faits du **PASSÉ**

Les outils électriques modernes facilitent le travail du bois, mais les méthodes manuelles restent populaires. Un tour maintient fermement un morceau de bois et le fait tourner. Un ciseau est maintenu contre la pièce en rotation pour la tailler et lui donner une forme arrondie, comme un pied de chaise. Les tours modernes ont des moteurs électriques. Les plus anciens étaient à pédale.

Tournage du bois à la main.

L'ARTISANAT DU BOIS

Les charpentiers emploient des bois d'espèces et de débits très variés, en particulier de très grandes structures. Les menuisiers fabriquent des objets plus petits : meubles, placards… Il faut beaucoup de compétences pour choisir l'essence la mieux adaptée. Pour une utilisation intense, les objets sont en général en bois dur, comme le chêne.

La construction de bâtiment en béton armé nécessite aussi du bois : le béton est versé dans un coffrage en planches que l'on retire ensuite.

L'ASSEMBLAGE

Il existe des dizaines de façons d'assembler le bois, depuis le simple emploi de colle ou de clous jusqu'au découpage de formes complexes, comme les queues-d'aronde. Les assemblages ne servent pas seulement à maintenir deux pièces de bois, ils montrent aussi tout l'art de l'ébéniste et augmentent la valeur d'un objet en bois.

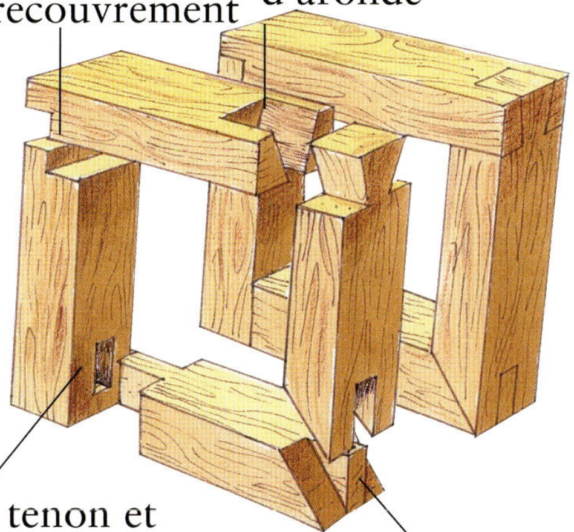

Les bois précieux

Il n'existe pas deux essences de bois semblables : couleurs, dessins, veines et nœuds varient toujours légèrement. Chaque objet, une cuillère ou une table, est donc unique. Certaines antiquités de grande valeur sont des meubles en bois fabriqués jadis par des ébénistes de talent.

La marqueterie ressemble à la peinture, mais elle est composée de lamelles de bois d'essences variées, assemblées comme un puzzle.

Faits du PASSÉ

Parmi les plus grandes œuvres d'art, on trouve des sculptures en bois et des estampes obtenues à l'aide de planches de bois gravées, les «xylographies». Albrecht Dürer, peintre et graveur allemand (1471-1528), est l'un des graveurs sur bois les plus célèbres.

Xylographie d'Albrecht Dürer

La marqueterie

Pour composer des motifs avec du bois, on coupe des lamelles de placage de différentes essences et couleurs. Ces lamelles sont ensuite appliquées sur un support pour créer des dessins.

LA XYLOGRAPHIE

Avant l'imprimerie moderne, des dessins étaient copiés en série par xylographie. Le modèle est dessiné sur une planche de bois.

Ensuite, le modèle est gravé avec des ciseaux et des gouges de façon à laisser un dessin en relief du modèle sur le bois.

La finition

Le bois brut, non traité, ramasse la poussière et se tache facilement. C'est pourquoi il est très souvent traité avec divers produits.
Les patines protègent le bois et l'embellissent : elles le rendent plus poli, plus brillant, le colorent et font ressortir les veines. Les vernis, les lasures et les laques ont des effets similaires ; ils protègent aussi le bois des produits chimiques, des taches et de l'usure.

On peut changer la couleur du bois avec des teintures ou des colorants spéciaux. Ils pénètrent le bois et modifient son aspect, mais ses veines restent visibles.

Un rouleau encré est passé sur la planche de bois gravée. L'encre se dépose sur les parties saillantes du bois.

Une feuille de papier est placée sur la planche et pressée avec un rouleau propre. L'encre déposée sur le relief se transfère sur le papier.

Le papier est ôté pour révéler le dessin à l'encre. Attention, il est sur l'envers !

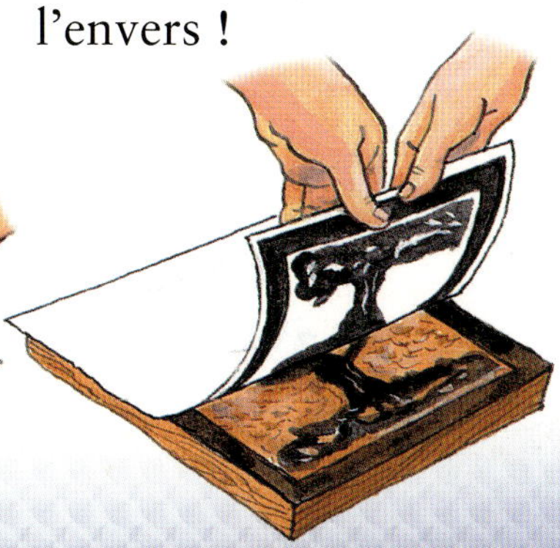

Certains peuples amérindiens sculptent des formes d'animaux, de plantes et d'esprits sur des mâts totémiques.

20 La chimie du bois

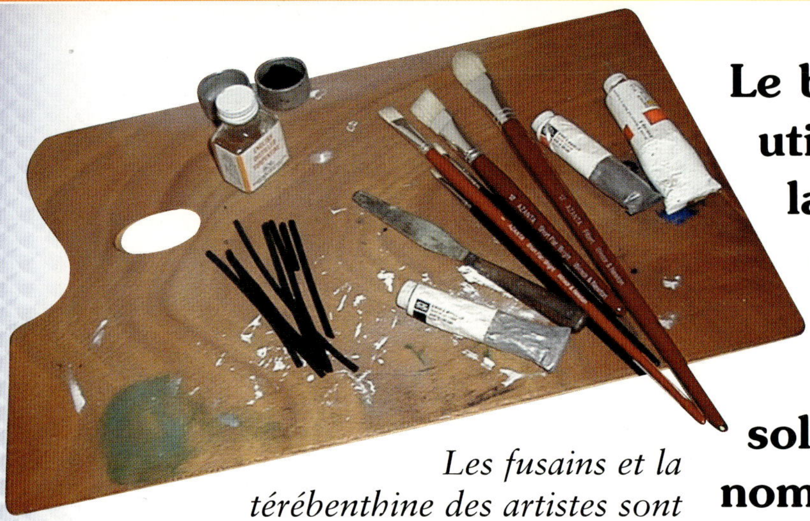

Les fusains et la térébenthine des artistes sont des produits dérivés du bois.

Le bois n'est pas seulement utilisé pour la menuiserie et la charpente. Environ 10 % du bois coupé subit des traitements par divers moyens (chaleur, pression, acides, solvants...) pour extraire de nombreuses substances.

LA DISTILLATION DU BOIS

Pour extraire les composés du bois, celui-ci est débité, chauffé et attaqué par des solvants sous haute pression. Il se dissout ou se décompose en une pâte chauffée à nouveau dans des colonnes de distillation.

À chaque étape, les composés gazeux libérés par le bois sont liquéfiés et récupérés dans des réservoirs. Du bois de récupération est brûlé pour fournir l'énergie nécessaire à tout le système.

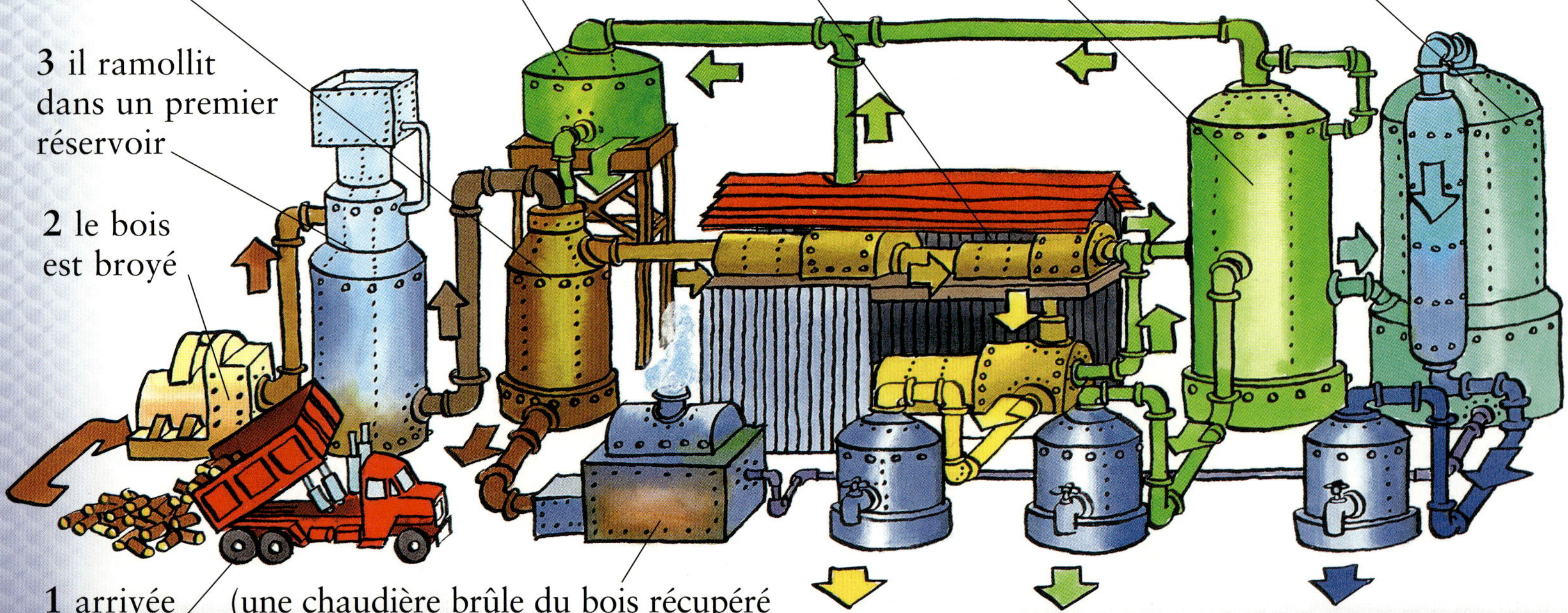

DES PRODUITS UTILES

Les produits extraits du bois ont divers usages. Les résines et les goudrons servent pour protéger les objets en bois et pour coller. Les huiles entrent dans la fabrication des encres, des colles, des imperméabilisants et des savons. On emploie les térébenthines pour diluer la peinture et dissoudre d'autres substances.

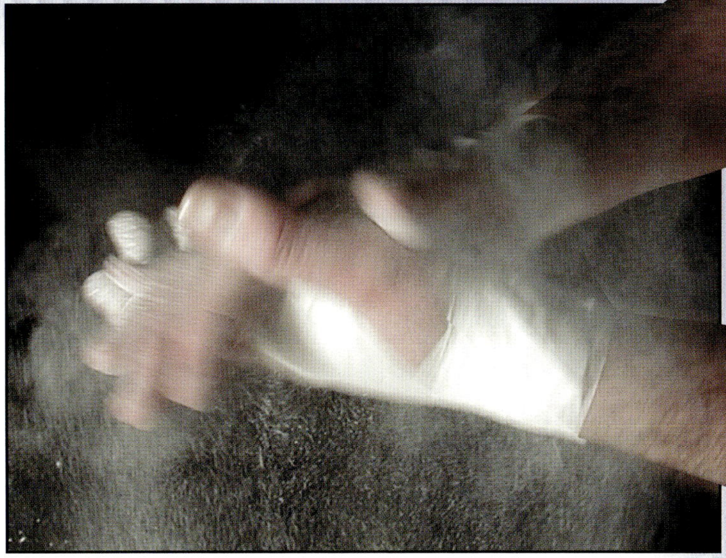

Pour améliorer leur prise, les gymnastes utilisent une poudre de résine, la colophane, employée aussi pour les archets de violon.

D'AUTRES SUBSTANCES

Le bois est composé pour moitié de cellulose. Sous l'action de certains produits, comme des acides et des enzymes, elle peut être décomposée pour donner du glucose transformé ensuite en mélasse pour l'alimentation du bétail. En présence de levure, le glucose fermente et se transforme en alcool : l'«éthanol», utilisé comme solvant ou carburant pour certains véhicules.

Les peaux sont transformées en cuir par tannage. Certains tanins sont contenus dans l'écorce d'arbre comme le châtaignier.

Faits du **PASSÉ**

Avant le développement de l'industrie chimique moderne, la nature, et surtout les arbres, fournissait beaucoup de substances nécessaires à la vie quotidienne. En Égypte ancienne, les morts étaient momifiés grâce à des produits obtenus par chauffage du bois.

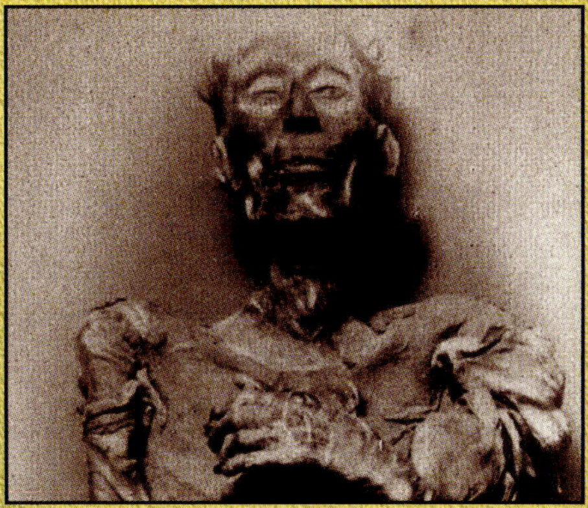

Une momie égyptienne.

22 Des tissus à partir du bois

La cellulose du bois fournit des fibres pour des vêtements, foulards et autres articles textiles. Ces fibres cellulosiques, connues sous le nom de «viscose», sont les premières fibres artificielles.

Les vêtements en viscose, à la fois soyeux, souples et solides, durent longtemps.

Une invention récente

La plupart des fibres sont naturelles : le coton provient d'une plante, la laine est fournie par les moutons. La première fibre artificielle a été fabriquée vers 1880. On l'appela «soie artificielle», puis «rayonne» et ensuite «viscose».

LA FABRICATION DE LA VISCOSE

La viscose est une fibre artificielle d'origine naturelle. On réduit en pâte des copeaux de bois avec des solvants et divers produits chimiques. Puis on récupère la couche de cellulose qui flotte à la surface du mélange.

Les feuilles de cellulose constituent la matière première de la viscose. Chauffées avec de la soude, elles forment des flocons qui sont mélangés à un autre produit, le sulfure de carbone.

Les utilisations de la viscose

Aujourd'hui la viscose est moins utilisée, remplacée par de nombreuses fibres synthétiques. Mais sa fabrication, simple et économique, est toujours d'actualité dans des régions riches en forêts. Elle est employée aussi bien pour les vêtements que pour les toiles qui tapissent l'intérieur des pneus.

Idées du FUTUR

La viscose était répandue jusqu'aux années 40. Une nouvelle fibre artificielle, le Nylon, l'a alors remplacée pour nombre d'usages. Mais le Nylon est un dérivé du pétrole, une matière première qui pourrait bien manquer à l'avenir. On reviendra peut-être à la sylviculture pour produire à nouveau beaucoup de viscose.

Le Nylon manquera peut-être un jour.

Viscose prête à passer dans les filières à rayonne.

On laisse reposer la viscose pendant quelques jours. Les déchets et les bulles d'air sont éliminés. Puis, la viscose purifiée est poussée à travers des filières dans un bain d'acide sulfurique pour donner des filaments de viscose très longs et soyeux.

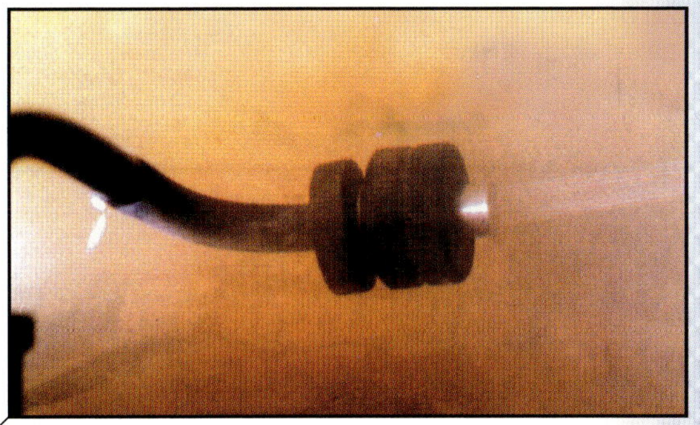

Les fils de viscose sortent des filières.

la viscose est traitée sous vide pour éliminer les bulles d'air

la viscose est poussée par des filières dans un bain d'acide sulfurique

le fil de viscose est bobiné

24 Les produits des arbres

Gel aux extraits de ginkgo et shampooing à l'huile de palme.

Outre le bois et diverses substances, les arbres fournissent bien d'autres produits. Certains sont recueillis sur les arbres dans les forêts, d'autres obtenus à partir de divers éléments de l'arbre.

Fabrication de charbon de bois au Malawi.

Le caoutchouc

À l'origine, le caoutchouc provenait des arbres. Il en existe aujourd'hui de nombreuses variétés artificielles. Mais le caoutchouc naturel est toujours exploité pour fabriquer certains objets comme les pneus d'avion.

Le caoutchouc est souple, flexible et élastique. Il provient d'arbres comme l'hévéa ou arbre à caoutchouc. Une petite entaille pratiquée dans son écorce permet l'écoulement, goutte à goutte, d'une sève laiteuse : le latex. Il est récolté dans un godet fixé au tronc. Le latex est surtout composé d'eau et d'un tiers de caoutchouc. Il reste à ajouter des acides puis à le sécher pour obtenir le caoutchouc pur.

Les huiles et les essences

Depuis des milliers d'années, des huiles naturelles sont tirées des arbres. Elles sont souvent extraites de la sève, liquide circulant dans l'arbre et lui fournissant des minéraux et des nutriments. Les huiles et les essences sont aussi extraites des feuilles, des fruits, des graines ou des noix. Certaines ont un usage médicinal (médicaments, baumes, infusions). D'autres ne sont employées que pour leur parfum agréable !

On n'exploite pas seulement le bois pour sa solidité. Le liège, utilisé pour les bouchons, est une écorce tendre et légère. Le balsa est aussi un bois tendre et léger.

Le caoutchouc naturel provient de plantations d'hévéas (ci-dessous). Le latex est mis à sécher en feuilles (encadré). On en fait des produits très souples, comme les gants de chirurgie.

Faits du **PASSÉ**

Les peuples de l'Antiquité croyaient que l'ambre, substance dure, dorée et brillante, naissait des rayons du soleil couchant. En réalité, quand l'écorce d'un arbre est coupée, une résine collante et liquide suinte de la blessure ; puis elle se solidifie pour refermer la plaie. L'ambre est de la résine fossile provenant de conifères de la préhistoire. Certains morceaux d'ambre contiennent des insectes pris dans la résine depuis des millions d'années.

Un insecte pris dans de l'ambre.

26 La fabrication du papier

Le papier de cette page était autrefois un arbre. Un arbre sur dix est cultivé spécialement pour être réduit en pâte par des machines et des produits chimiques, puis transformé en papier ou en carton. Il s'agit d'un procédé industriel long et compliqué, très gros consommateur d'énergie.

Faits du **PASSÉ**

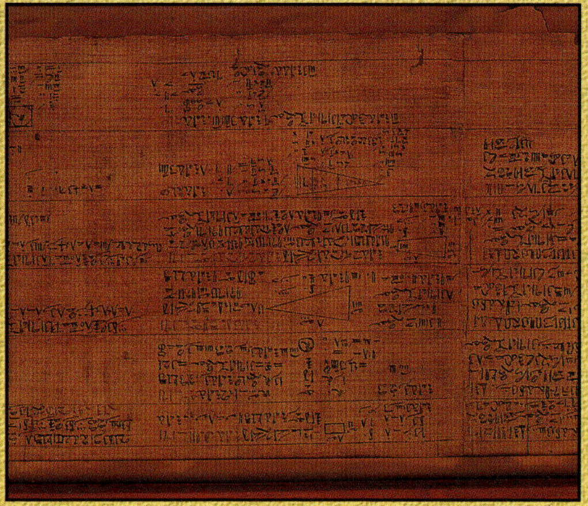

Un papyrus de l'ancienne Égypte.

DU BOIS... À LA PÂTE...

La pâte à papier est faite avec des grumes fraîchement coupées et diverses matières récupérées ou recyclées : vieux papiers et cartons, déchets de scierie, chiffons et vieux vêtements...

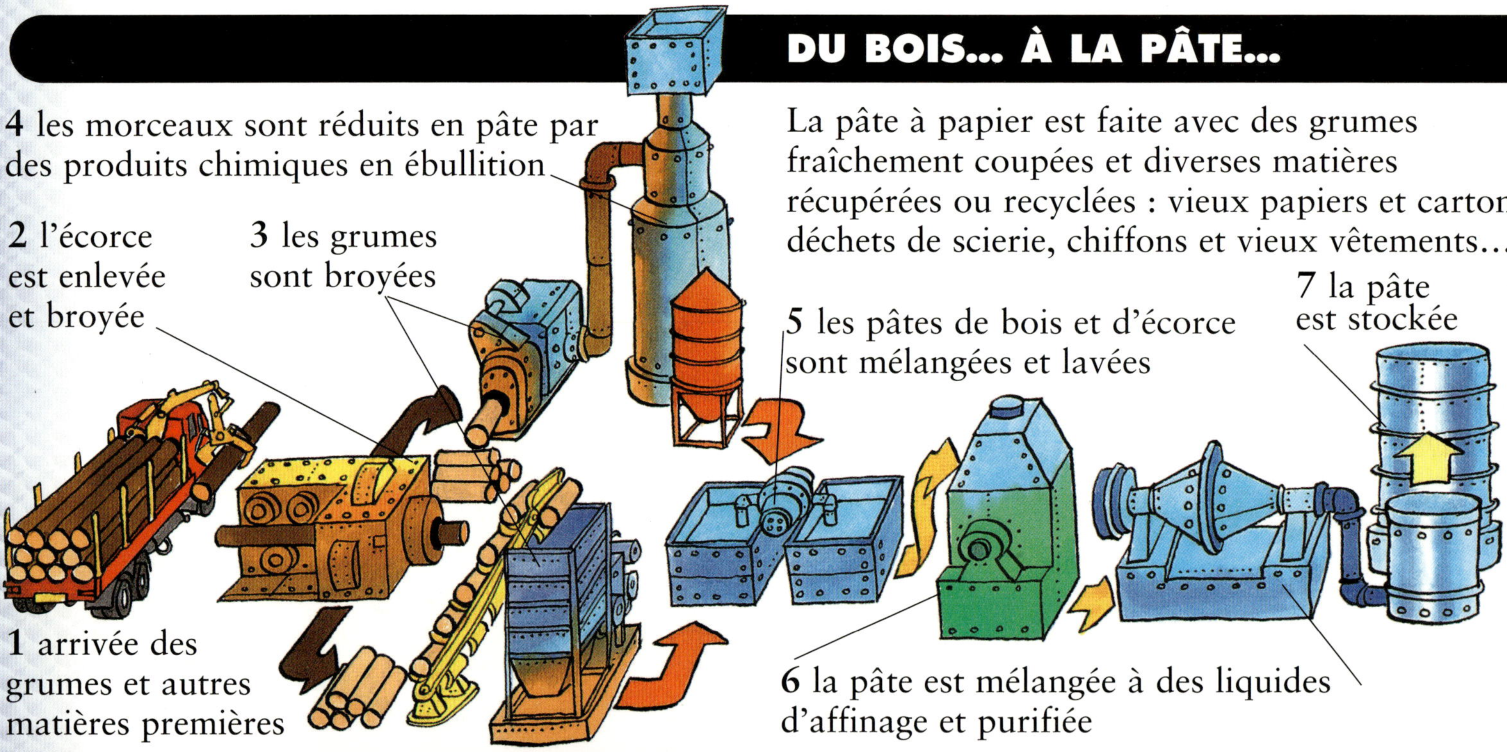

Presque tout le papier provient d'essences à bois tendre cultivées spécialement. Moins chères que les essences à bois dur, elles ont aussi des fibres plus longues.

L'industrie produit du papier à partir du bois depuis 200 ans. Auparavant, on utilisait les fibres de plantes comme le lin et le chanvre. Au Moyen Âge, on écrivait et dessinait sur des parchemins (peaux animales), et dans l'Antiquité sur du papyrus (roseau).

Les fibres et les feuilles

La cellulose se présente sous forme de fibres jointes par de la lignine. Quand le bois est réduit en pâte, la lignine est dissoute : les fibres sont libérées et séparées. Elles sont ensuite mélangées avec divers liquides et produits chimiques, puis étalées en larges bandes sur des rouleaux. Les bandes sont pressées pour les affiner puis chauffées : les fibres s'aplatissent et sèchent en formant des feuilles de papier, de carte ou de carton.

... et au papier

La pâte est mélangée avec des agents blanchissants (papier blanc) ou avec des pigments spéciaux (papier de couleur). La caisse de tête étale la pâte en une couche large sur une toile métallique sans fin.

La pâte est pressée pour la rendre beaucoup plus mince et souder les fibres entre elles. Le papier passe sous des rouleaux chauffés, puis il est satiné en surface par des calandres.

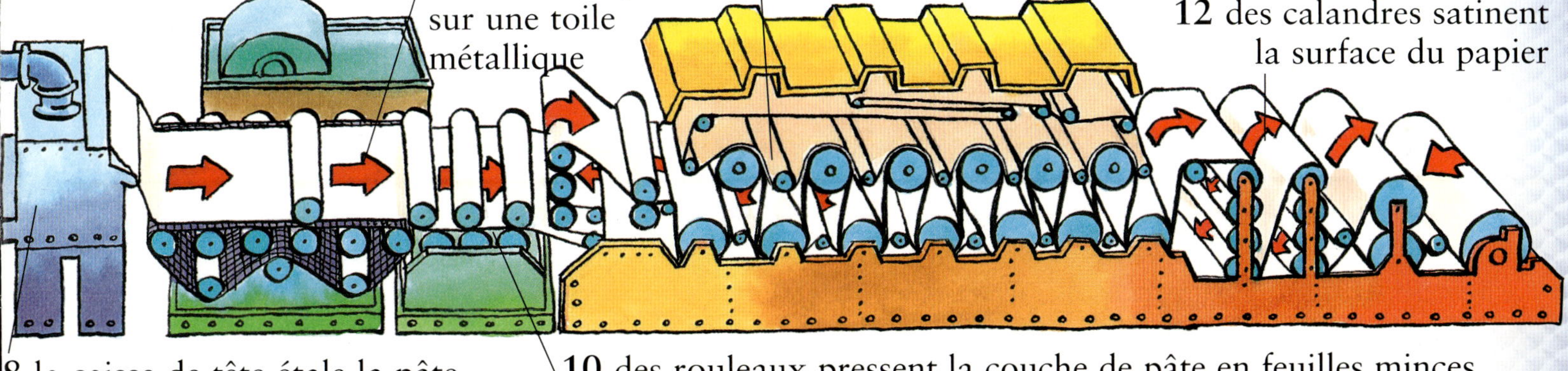

Sur la machine, une bande de papier est très large et mesure des kilomètres de longueur (à gauche). Elle est coupée et transformée en bobine pour les imprimeurs (à droite).

Du bois pour le futur

Une forêt détruite par le feu peut mettre une centaine d'années pour se reconstituer.

Le bois restera essentiel, et pas uniquement comme matière première. Les arbres procurent des abris et de la nourriture aux animaux. Ils fournissent l'oxygène dont nous avons besoin pour respirer et empêchent le sol d'être lessivé ou emporté.

Le bois de chauffage est très rare dans de nombreux pays : il faut parfois une demi-journée pour ramasser juste quelques petites branches. Si on ne replante pas de jeunes arbres, les ressources de bois s'épuiseront.

Replanter davantage !

Dans certaines parties du monde, de jeunes arbres sont replantés pour remplacer les arbres abattus. Le bois est alors une ressource renouvelable. Mais ailleurs, des forêts entières sont rasées. La terre défrichée est cultivée plusieurs années durant, jusqu'à épuisement des sols. Le bétail investit ensuite ces espaces pour y paître. C'est l'ultime étape du processus de destruction. Le sol nu est lessivé ou emporté par les pluies et le vent. Au lieu de préparer l'avenir en replantant, de nombreuses forêts tropicales sont ainsi détruites.

ÉCONOMISER LE BOIS ET LES ARBRES

Il faut non seulement replanter davantage, mais aussi mieux utiliser les arbres et le bois dont nous disposons. Les bois durs et rares, comme le teck et l'acajou, devraient provenir de forêts bien gérées ou renouvelables. Cela suppose de replanter après abattage et de préserver la faune, la flore et le sol. Nous pouvons recycler le papier, le carton et les objets en bois, et réutiliser le bois lui-même de diverses façons.

Balles de papier prêtes pour le recyclage.

Ce symbole est utilisé sur les produits fabriqués à partir de matériaux recyclés.

Journaux, magazines ou carton sont recueillis à part et mis dans des conteneurs spéciaux.

Le papier à recycler des conteneurs est recueilli, pressé en balles et emporté à la fabrique de papier.

Les balles, réduites en pâte dans un bain chimique, sont recyclées, par exemple, en serviettes en papier.

Les bois et leurs emplois

	ESSENCES DE BOIS	CARACTÉRISTIQUES ET EMPLOIS
BOIS DURS	Hêtre	Lisse, dur et solide ; pour parquets, meubles et cadres.
	Orme	Solide, à veines irrégulières ; pour placages et bateaux.
	Acajou	Foncé et dur ; pour sculpture, ébénisterie, décoration.
	Érable	Léger, à fil droit ; pour meubles, menuiserie, placages, instruments de musique, planchers, panneaux muraux, contreplaqué.
	Chêne	Clair mais dur ; pour meubles, menuiserie, bois d'œuvre extérieur.
	Teck	Dur, à veines irrégulières ; pour meubles, mobilier d'extérieur.
	Noyer	Sombre, à nœuds et veines caractéristiques ; pour meubles, sculpture, placages, menuiserie, fûts des armes.
BOIS TENDRES	Cèdre	Parfumé, assez tendre mais durable ; pour caisses, menuiserie, sculpture, maisons, toitures.
	Cyprès	Durable et résistant ; pour portes et cadres de fenêtres.
	Pin Douglas	Grandes grumes sans nœud ; pour constructions, planches et contreplaqué, revêtements, mâts, menuiserie et meubles.
	Hemlock	Droit, à veines marquées ; pour constructions et immeubles, contreplaqué, menuiserie.
	Mélèze	Droit, clair et dur ; pour charpentes et menuiserie extérieure.
	Pin de Parana	Veines rouges et grain fin ; contient beaucoup de résine ; pour portes, tables, chaises, armoires.
	Séquoia	De qualités variables ; les arbres peuvent être immenses ; pour toitures, revêtements.
	Épicéa	Clair ; pour menuiserie, charpentes, panneaux de particules et pâte à papier.
	If	Dur, solide ; pour meubles, menuiserie, poignées, manches.

Glossaire

bois blanc : un bois léger de sapin, peuplier ou hêtre, utilisé pour faire des meubles bon marché.

cellulose : une substance qui est le constituant principal des parois des cellules végétales ; utilisée pour la fabrication du papier et de la viscose.

chevron : une longue pièce de bois de charpente.

débardage : le transport des grumes des lieux d'abattage jusqu'au lieu d'enlèvement.

essence : un extrait de substances aromatiques obtenu par distillation.

essence d'arbre : une espèce d'arbre.

fibres de bois : des cellules très allongées, à parois cellulosiques épaisses, imprégnées de lignine, ce qui les rend rigides.

grume : un tronc d'arbre ébranché, mais gardant son écorce.

lasure : un produit de finition pour les produits en bois.

lignine : une substance, constituant du bois qui imprègne les cellules, les fibres et les vaisseaux conducteurs, les rendant rigides.

panneau de fibres : un panneau de bois séparé en paquets de fibres qui sont ensuite agglomérées ; ces panneaux sont connus sous la dénomination «Isorel».

panneau de particules : un panneau de bois fabriqué à partir de chutes de scierie ou d'usinage enduites de colle et pressées à chaud ; ces bois industriels sont aussi appelés «aggloméré» (grandes particules) et «médium» (fines particules).

résine : une substance visqueuse qui se trouve dans le bois et l'écorce. Elle protège l'arbre des parasites et referme les plaies de l'écorce.

sève : le liquide circulant dans les diverses parties des végétaux et riche en sels minéraux et nutriments.

solvant : un produit chimique capable de dissoudre d'autres substances.

tanin : une substance, contenue dans l'écorce de certains arbres, et empêchant les peaux de pourrir.

viscose : une fibre artificielle, dérivée du bois, et utilisée pour les textiles.

Index

abattage 10
acajou 29, 30
aggloméré 14
aiguilles 6
ambre 25
assemblage 17

balsa 25, 31
bambou 16
bois blanc 31
bois dur 7, 8, 9, 17, 29
bois tendre 6-9, 26, 31

caduc (feuillage) 7
caoutchouc 24, 25
carte 27
carton 27
cèdre 6, 30
cellulose 5, 21-23, 27, 31
cernes 4, 13
charbon de bois 24
charpente 16, 17
chêne 7, 8, 17, 30
colophane 21
conifère 6, 7
construction 16
contreplaqué 14, 15, 30
coupe 10-11
croissance 8
cyprès 30

débardage 10, 31
débit 13
distillation 20
Dürer, Albrecht 18

ébéniste 16, 18
épicéa 6, 30
érable 30
essence 24, 31
essences (espèces) 30, 31

éthanol 21
exploitation forestière 8

feuillus 7
fibres 5, 19, 31
fibres artificielles 22, 23
fil du bois 14
flottage 11
forêt 6, 7
forêt mixte 9, 12
forêt tropicale 6, 28
fusain 20
futaie 9

glucose 21
goudron 21
grumes 11-13, 16, 28
grumier 11

haie vive 11
hêtre 7, 30
hévéa 24-25
huiles 20, 21, 25

if 30

lasure 19
latex 24, 25
latté 14
liège 25
lignine 5, 27, 31

marqueterie 18
mélèze 30
menuisier 16, 17

nœuds 12
noyer 7, 30

orme 7, 30

panneaux 14-15, 31
papier 5, 12, 26, 27, 29
papier mâché 14
papyrus 26
particules 14, 15, 31
passe-partout 13
pâte à papier 5, 26, 27
patine 19
persistant (feuillage) 6, 7
pin 6, 8, 30
placage 15, 18, 30
plantation d'arbres 8, 28, 29
plants 8
plis 14, 15
plots 13

rayonne 22
recyclage 26, 29
résine 5, 20, 21, 25, 31

sapin 6, 8, 30
scierie 12-13
séchage 13
séquoia 30
sève 13, 25, 31
sylviculture 8, 23, 24, 28, 30

tanin 21, 31
tannage 21
teck 29, 30
teinture 19
térébenthine 20, 21
tournage 17

veines 14, 18, 30
vernis 19
viscose 5, 22, 23, 31

xylographie 18-19